출애굽기에 나타난 종말복음

갈 상자를 통해 보여주신 종말복음

이상남 목사 지음

최선의 삶
Master's Life

갈 상자를 통해 보여주신 종말복음

목차

저자 서문   7

갈 상자를 통해 보여주신 종말복음

서론   11

본론

I. 바로왕의 영적인 근본정체   15

II. 바로왕의 박해정책과 적그리스도의 박해정책   19

III. 모세가 살아남을 수 있었던 유일한 피난처   39

결론   51

◆ 특별부록   63

저자 서문

지금 우리는 종말시대를 살아가고 있다.

예수님께서 일찍이 감람산 위에 앉으셨을 때 주님의 재림의 때와 세상 끝날에 나타날 시대적 종말징조를 묻는 제자들에게 구체적인 여러 가지의 종말징조를 말씀해 주셨다〈마 24장, 막 13장, 눅 21장 참조〉.

그리고 나서 결론적으로 종말시대에 부름 받은 주의 종들은 말세 성도들에게 반드시 "때에 맞는 양식"을 나누어 주라고 강력하게 분부해 주셨다〈마 24:45~46절 - 충성되고 지혜 있는 종이 되어 주인에게 그 집 사람들을 맡아 때를 따라 양식을 나눠 줄 자가 누구뇨 주인이 올 때에 그 종의 이렇게 하는 것을 보면 그 종이 복이 있으리로다〉.

그런데 바로 그 때에 주님께서 말씀하신 "때에 맞는 양식"이란 곧 "재림의 복음" 곧 "종말복음"을 의미해 주고 있다.

불초한 종은 주님께서 분부해 주신 그 말씀에 순종하여 지난 15년 이상 종말복음을 열심히 연구하며 전 세계적으로 줄기차게 증거 해 왔다.

그러던 중 새해를 맞이하여 매 주일 낮 강단을 통해서 출애굽기 특별 강해를 연속적으로 진행해 나가는 동안 성령께서 저의 영적인 비상한 관심과 시선을 아기 모세를 넣어 애굽 나일 강에 띄운 바 있는 갈대상자로 집중하게 하셨다.

따라서 시간 시간 성령 하나님의 감동과 영감을 따라 아기 모세가 갈 상자를 통하여 나일 강에서 극적으로 구출 받은 역사적 사건을 파헤쳐 나가는 가운데 예기치 못했던 너무나 중요하고 놀라운 종말복음의 황금 맥을 발견하고 나서 매우 감격하고 흥분하지 않을 수가 없었다.

그래서 이 모세의 갈 상자를 통해 보여주신 종말복음을 한 두 시간 설교 말씀으로만 선포하고 지나가 버릴 것이 아니라 작은 소책자라도 속히 만들어서 전 세계 주의 종들과 성도들에게 널리 알리고 보급하므로 주님의 재림을 영적으로 깨어 준비케 하고 마지막 환난시대를 미리 대비하도록 해야만 하겠다는 시대적인 시급한 사명을 깊이 깨닫고 이 작은 책자를 저술케 되었음을 감사드리는 바이다.

바라기는 이 작은 책자를 통해서 시대적 종말을 살아가고 있는 수많은 주의 종들과 주님의 재림을 사모하는 그리스도의 신부된 모든 성도들이 영적으로 때를 알고 깨어 준비하는 일에 다소라도 촉진제와 밑거름이 되시기를 주님의 이름으로 축원하는 바입니다.

"삼가 이 작은 책자를 만왕의 왕으로 곧 다시 오실 주님 앞에 드립니다."

한 평생 주님의 사랑에 빚진 종 : 이상남 목사

갈상자를 통해
보여주신 종말복음

서론

구약성경 중 출애굽기는 이스라엘 백성들이 애굽 노예 생활에서 해방 받아 광야생활을 통과해서 가나안 복지에 들어가게 된 하나님의 선민의 구속사의 전 과정을 기록한 책이다. 따라서 오늘날 영적 이스라엘 백성인 우리들이 죄악 세상〈애굽〉에서 구원(홍해 건넘)받아 교회생활〈광야생활〉의 연단과 훈련을 거쳐서 장차 천국〈가나안〉에 들어가는 우리 성도의 한 생애에 구원의 전 과정을 축소판으로 보여주신 놀라운 말씀이 곧 출애굽기다.

하나님의 선민의 구속사의 전 과정을 기록한 책

　　그런데 역사적인 출애굽을 태동시키기 위한 준비 단계로서 출애굽기 1장에는 이스라엘 백성을 탄압하던 애굽 바로왕의 박해정책에 대한 말씀이 나타나 있고, 또한 출애굽기 2장에는 어린아이 모세가 애굽 나일 강에서 구출을 받은 극적인 사건이 나타나 있다.

　　그런데 우리가 먼저 한 가지 꼭 알고 넘어가야 할 중요한 사실은 이스라엘 백성의 출애굽의 전 과정에 나타난 모든 사건은 장차 종말에 나타날 실제적인 사건을 미리 그림자와 예표로 보여주셨다는 사실이다. 그러기에 하나님의 종 사도바울은 고린도전서 10장을 통해서 이스라엘 백성들의 출애굽 과정에서 일어났던 모든 중요한 사건들을 차례대로 열거하고 난 후에 마지막 결론으로 출애굽의 모든 역사를 기록한 궁극적인 목적은 말세 성도들을 깨우쳐주기 위한 귀감과 경계의 교훈으로 기록해 놓았다고 언급해 주고 있다.

　　"저희(이스라엘 백성)에게 당한 이런 일이 거울이 되고 말세를 만난 우리의 경계로 기록하였느니라"(고전10:11절 참조). 이와 같은 맥락에서 우리는 출애굽기 1장을 통해서는 요셉을 알지 못하는 새 왕에 대한 영적 정체와 아울러 그 새 왕의 이스라엘 백성에 대한 박해정책이 과연 장차 종말시대에 어떻게 적용되고 성취될 것인가를 깊이 파헤쳐 보아야 하겠다. 그리고 출애굽기 2장을 통해서는 요셉을 알지 못하는 새 왕으로 등장한 애굽 바로왕의 잔인한 박해 속에서 마지막까지 살아남을 수 있었던 유일한 비결이 무엇이었는가를 분명히 찾아내야 하겠다. 한걸음 더 들어가서 장차 전 세계 단일정부〈One World〉의 "새 왕"으로 등장할 적그리스도〈짐승정부〉의 온갖 박해와 환난 가운데서 종말시대 성도들이 마지막까지 살아남을 수 있는 유일한 피난처가 어디인가? 하는 것을 성서적으로 깊이 추적해 보고자 한다.

Ⅰ. 바로 왕의 영적인 근본 정체

출애굽기에 "요셉을 알지 못하는 새 왕"으로 등장하는 바로왕의 영적인 근본정체가 무엇인가를 살펴보자!

출1:8절에 보면 "요셉을 알지 못하는 새 왕이 일어나서 애굽을 다스리더니…"라는 말씀이 있다.

여기에 언급한 "새 왕"이란 역사적으로는 이스라엘 백성의 출애굽 당시 애굽을 통치하였던 바로 왕인 애굽의 제18왕조의 세 번째 왕 투트모스1세〈B.C.1539~1514〉를 지칭한 말이다.

따라서 "요셉을 알지 못하는 새 왕"이라고 표현한 것은 과거 요셉이 애굽의 국무총리로 있을 때 요셉을 통한 하나님의 지혜로운 저축 정책으로 말미암아 그 당시 모든 애굽 백성들이 무서운 7년 대 흉년 가운데 무사히 살아남을 수 있었던 역사적 사실을 전제로 해서 과거에 그와 같은 요셉을 통한 하나님의 은혜와 하나님의 존재마저 배은망덕하고 다 잊어버린 바로 왕을 의미해 준 말이다.

그렇다면 과연 요셉을 알지 못하는 새 왕의 영적인 근본정체는 무엇일까?

"요셉을 알지 못하는 새 왕"이란 영적인 면에서는 이 세상의 정사와 권세를 잡은 마귀사탄을 의미해 주고 있다〈엡 6:12절 참조〉.

그러나 이제 한걸음 더 깊이 들어가서 "요셉을 알지 못하는 새 왕"이란 종말복음적인 면에서는 이미 새 세계 질서 사회〈New world Order Society〉나, 세계 단일정부〈One World〉로 지향해 가고 있는 전 세계정치와 경제의 새로운 총통과 슈퍼스타로 등장할 붉은 용 마귀사탄의 하수인인 적그리스도를 의미한다는 사실을 성서적으로 분명하게 알아야 하겠다.

왜냐하면 구약 창세기에 등장하는 요셉은 예수님을 상징하는 인물로 해석될 수 있다는 사실을 전제해 볼 때 "요셉을 알지 못하는 새 왕"이란 곧 종말시대 예수님을 대적해서 새롭게 나타날 적그리스도를 의미하기 때문이다.

그러므로 요한일서 2:18절에 보면 "아이들아!

이것이 마지막 때라 적그리스도가 이르겠다함을 너희가 들은 것과 같이 지금도 많은 적그리스도가 일어났으니 이러므로 우리가 마지막 때인 줄 아노라!"라고 말씀하고 있다〈요한 2서 7절, 요 5:43절 참조〉.

II. 바로 왕의 박해정책과 적그리스도의 박해정책

출애굽기에 "요셉을 알지 못하는 새왕"으로 등장하는 바로 왕의 박해정책과 장차 종말시대 전세계 정치의 경제의 "새총통"으로 등장할 적그리스도의 박해정책이 어떻게 실현되고 성취될 것인가?를 깊이 파헤쳐 보자!

출애굽기 1장에 보면 출애굽 당시 적그리스도의 모형적인 인물로 등장하는 폭군 바로 왕은 삼 단계에 걸쳐 이스라엘 민족에 대한 박해정책을 강행해 나갔음을 볼 수 있다. 그런데 "요셉을 알지 못하는 새 왕"으로 일컬어지는 애굽 바로 왕의 3단계에 걸친 박해정책이야말로 이제 곧 종말시대 인류역사 무대 위에 등장할 적그리스도가 주도하는 짐승정부가 7년 대 환난 기간 동안 전 세계적으로 강행해 나갈 박해정책을 미리 예표와 그림자와 모형으로 보여 주셨다는 사실을 깊이 명심하고 주목해 보아야만 하겠다.

그러면 과거 애굽 바로 왕이 시행한 3단계 박해정

책과 장차 적그리스도가 강해해 나갈 박해정책이 역사 무대 위에 구체적으로 어떻게 실현되어 나갈 것인가를 살펴보자.

1. 애굽 바로 왕의 첫 단계 박해정책은 강제 중노동을 통한 이스라엘 백성의 인구 증가를 원천적으로 차단하고 억제하는 정책이었다.

출1:13~14절에 "이스라엘 자손의 역사를 엄하게 하며 고역으로 그들의 생활을 괴롭게 하니 곧 흙 이기기와 벽돌 굽기와 농사의 여러 가지 일이라 그 시키는 역사가 다 엄하였더라"고 한 말씀을 보면 그 당시 바로 왕이 이스라엘 백성들의 폭발적인 인구증가를 원천적으로 차단하기 위해서 얼마나 억제정책을 강행해 나갔는가를 알 수가 있다.

그렇다면 바로 그와 같은 애굽 바로 왕의 인구증가 억제정책이 종말시대 적그리스도의 짐승정부를 통한 사탄에 의해서도 그대로 재현될 것이라는 사실을 미리 알고 대비해야만 하겠다.

따라서 한 가지 분명한 사실은 앞으로 사탄의 문화가 최고도로 발달하고 적그리스도의 통제가 시작되면 가장 먼저 사탄은 영적자녀를 생산하여 하나님의 백성을 증가시키는 전도하는 일과 선교하는 사역부터 원천적으로 차단시키는 박해정책을 강행해 나가게 될 것이 분명하다.

이미 전 세계적으로 회교권과 공산권과 힌두교권 그리고 불교권에서 수많은 박해가 자행되고 있다고 한다. 따라서 각 선교단체의 통계자료에 의하면 1년에도 약 20여만 명에 달하는 순교자들이 순교의 피를 흘리고 있는 것으로 나타나 있다.

그러기에 예수님께서는 종말시대가 되면 복음전도자와 성도들에 대한 수많은 핍박과 박해의 역사가 일어나게 될 것을 미리 내다보시고 예언해 주셨다.

과연 예수님께서는 눅 21:12~17절에 보면 "내 이름으로 인하여 너희에게 손을 대어 핍박하며 회당과 옥에 넘겨주며 임금들과 관장들 앞에 걸어가려니와 이일이 도리어 너희에게 증거가 되리라 … 심지어 부모와 형제와 친척과 벗이 너희를 넘겨주어 너희 중에

몇을 죽이게 하겠고 또 너희가 내 이름을 인하여 모든 사람에게 미움을 받게 될 것이라"고 미리 예고해 주시고 경고해 주셨다.

그러므로 우리 종말시대 성도들은 적그리스도의 본격적인 박해시대가 오기 전에, 또한 전도와 선교의 문이 완전히 닫히기 전에, 한 영혼이라도 시급히 전도하고 선교해서 사탄과 죄와 사망의 포로와 노예생활에서 구원해 내야 하겠다.

이것이 바로 우리 말세성도들의 가장 시급한 사명이라는 사실을 깊이 명심하고 실천하기를 주님의 이름으로 부탁드리는 바이다.

2. 애굽 바로 왕의 두 번째 단계 박해정책은 히브리 산파들을 통한 남자아이에 대한 살해정책이었다.

출1:15~16절에 보면 그 당시 애굽 바로 왕은 다음과 같은 명령을 선포했다. "애굽 왕이 히브리 산파 십

브라라 하는 자와 부아라 하는 자에게 일러 가로되 너희는 히브리 여인을 위하여 조산할 때에 살펴서 남자여든 죽이고 여자여든 그를 살게 두라!"는 직접적인 명령을 내렸다.

그 당시 애굽 바로 왕이 애굽 산파를 보내지 않고 같은 동족인 히브리 산파들을 보냈다는 사실은 결국 가까운 사람들을 통한 배신과 살상을 조장하는 간악한 위장 전술적인 박해정책이었음을 보여주고 있다.

바로 이와 같은 사실은 앞으로 적그리스도의 박해 시대가 본격화 되면 수많은 주의 종들과 성도들이 자기 주위에 가장 믿고 방심하였던 가까운 사람들의 배신과 반역으로 박해를 당하고 죽임을 당하게 될 것을 실물교훈과 실제 역사적 사건을 통해 미리 예고해 주시고 경고해 주신 것임을 간파해야만 할 것이다.

그러기에 하나님께서 일찍이 구약의 미가 선지자를 통해 미가서 7:5~6절 말씀에 "너희는 이웃을 믿지 말며, 친구를 의지하지 말며, 네 품에 누운 여인에게라도 네 입의 문을 지킬찌어다. 아들이 아비를 멸시하

며, 딸이 어미를 대적하며 며느리가 시어미를 대적하
리니 사람의 원수가 곧 자기 집안사람이로다” 라고 미
리 경고해 주셨다.

그 뿐만 아니라 예수님께서도 막 13:12~13절 말씀
을 통해서 “형제가 형제를 아비가 자식을 죽는데 내어
주며 자식들이 부모를 대적하여 죽게 하리라. 또 너희
가 내 이름을 인하여 모든 사람에게 미움을 받을 것이
나 나중까지 견디는 자는 구원을 얻으리라” 고 미리
깨우쳐 주고 있다.

그러므로 우리 말세 성도들은 시대적 종말이 가까
워 올수록 오직 성삼위 하나님은 믿고 살고, 사람은
사랑하고 살고, 천국은 소망하며 살아가시기를 주님
의 이름으로 축원합니다〈고전 13:13절 참조〉.

3. 애굽 바로 왕의 세 번째 단계 박해정책은 신생
   이스라엘의 남자아이들은 모조리 나일강에 던
   져 죽여 버리라는 잔인한 대학살 정책이었다.

출1:22절에 보면 당시 애굽 바로 왕은 자기 신하들에게 다음과 같은 명령을 내렸다. "그러므로 바로가 그 모든 신민에게 명하여 가로되 남자가 나거든 너희는 그를 하수에 던지고 여자여든 살리라 하였더라."

따라서 애굽의 폭군 바로 왕의 명령에 의해 무고한 이스라엘 신생 남자아이들은 억울하게 수많은 대학살을 당할 수밖에 없었다.

그렇다면 장차 적그리스도의 모형적인 인물로 출애굽기에 등장되고 있는 바로 왕의 대학살정책이 종말 시대 성도들에게 주는 영적의미와 경고의 교훈은 무엇인가?

이와 같은 사실은 장차 7년 대 환난 기간 동안 적그리스도가 자신의 본색(마각)을 드러내고 전 세계 마지막 통치수단으로 이른바 자기가 만들어 세운 짐승의 우상에게 경배하지 않고, "666 짐승표"를 받지 아니하는 성도들은 모조리 죽여 버리라는 대학살정책을 강행해 나갈 것을 미리 역사적인 예표와 모형으로 나타내 보여 주었다는 사실을 깨닫고 특별히 명심하고 시급히 영적으로 깨어 비상한 각오로 대비해야만 할 것이다.

　예수님께서는 이미 요한계시록을 통해서 멀지 않은 장래에 인류역사 무대 위에 곧 등장할 적그리스도와 그가 만들어 세울 "짐승의 우상"과 그가 마지막 통치 수단으로 전 세계적으로 악랄하게 사용할 "666 짐승표"에 대한 경계와 경고의 교훈을 깨우쳐주고 예고해 주셨다.

　계 13:15~18절 "저〈적그리스도〉가 권세를 받아 그 짐승의 우상에게 생기를 주어 그 짐승의 우상으로 말하게 하고 또 짐승의 우상에게 경배하지 아니하는 자는 몇이든지 다 죽이게 하더라. 저가 모든 자 곧 작은 자나 큰 자나 부자나 빈궁한 자나 자유한 자나 종들로 그 오른손에나 이마에 표를 받게 하고 누구든지 이 표를 가진 자 외에는 매매를 못하게 하니 이 표는 곧 짐승의 이름이나 그 이름의 수라. 지혜가 여기 있으니 총명 있는 자는 그 짐승의 수를 세어 보라. 그 수는 사람의 수니 육백육십륙이니라."

　따라서 계시록 13장에 나오는 "666 짐승표"는 절

대로 과거 역사 속에 이미 지나가 버린 영적사건이나
과거 역사 무대 위에 등장했던 어떤 특정인물을 표상
해주는 것도 아니고, 그렇다고 하나의 상징이나 추상
적인 개념이나 숫자도 결코 아니다.

"666 짐승표"는 반드시 장차 전 세계적으로 실제
역사 속에 이루어질 중대한 실제 사건이라는 점을 먼
저 알고 있어야만 한다.

그러므로 우리 종말시대 성도들은 다른 것은 몰라
도 멀지 않은 장래에 곧 등장할 적그리스도의 정체와
그가 최후 통치수단으로 사용할 "666 짐승표"에 대해
서만은 알아도 좋고 몰라도 좋은 옵션〈선택과목〉이
아니라 반드시 시급히 성서적으로 정확히 알고 영적
으로 깨어 비상한 마음자세로 미리 대비하지 않으면
나와 내 가족과 내 자손이 전혀 사탄의 미혹과 박해
속에서 구원받고 살아남을 수가 없다는 사실을 깊이
깨닫고 명심해야만 하겠다〈단 12:10절 참조〉.

※ 그렇다면 과연 "666 짐승표"란 무엇인가?
우리는 이 대목에서 우선적으로 "666 짐승표"에
대한 성서적인 기본 개념만 알아보기로 하자.

성삼위〈성부·성자·성령〉 하나님께서 예수 믿고 구원받은 우리 하나님의 자녀들에게 주시는 성령의 인침표를 이를테면 "777 하나님의 표"라고 표현해 볼 수 있다. 왜냐면 7은 완전 숫자로 777은 성삼위 하나님을 상징하는 수로 풀이할 수 있기 때문이다.

그러기에 고후 1:22절에 보면 "저가 또한 우리에게 인치시고 보증으로 성령을 우리 마음에 주셨느니라"고 말씀하셨고, 또한 엡 1:13절에는 "그 안에서 너희도 진리의 말씀 곧 너희의 구원의 복음을 듣고 그 안에서 또한 믿어 약속의 성령으로 인치심을 받았느니라"고 말씀해 주고 있다〈엡 4:30절 참조〉.

그러므로 성령의 인침표(777 하나님의 표)의 정반대적인 개념으로 "666 짐승표"란 곧 악마의 삼위일체(?)라고 일컬을 수 있는 사탄·적그리스도·거짓 선지자가 함께 공모해서 주는 이를테면 "악마의 인침표"라고 볼 수 있다.

요한계시록에 보면 무서운 7년 대 환난 기간 중에 삼위일체 하나님을 그대로 모방해서 나타날 "악마의 3위일체"〈가칭〉는

① 일곱 머리를 가진 붉은 용인 마귀사탄〈범죄 타
락한 천사장 루시퍼〉

② 마귀사탄의 아들격인 적그리스도〈장차 전 세계
정치와 경제계 통합의 총수〉

③ 적그리스도의 하수인 격인 거짓선지자〈장차 전
세계 종교계 통합의 총수〉 라고 하는 사실을 폭
로해 주고 있다〈계 19:19~20, 계 20:2~3, 계
20:10절 참조〉.

그러므로 "666 짐승표"란 결국 이른바 "악마의
삼위일체"라고 일컬을 수 있는 마귀사탄, 적그리스
도, 거짓선지자가 합동작전으로 멸망 받을 마귀자식
들에게 실제로 몸속〈오른손과 이마〉에 넣어주는 실제
적인 표(CHIP)를 곧 "666 짐승표"라고 할 수 있다.

따라서 "666 짐승표"는 전 세계적으로 누가 뭐라
고 반박하고 변호하고 궤변적인 논리를 편다고 해도
절대로 상징이나 추상적인 것이 아닌 누구나 직접 눈
으로 볼 수 있고, 손으로 만질 수 있고, 몸으로 느낄
수 있는 실제적인 표(CHIP)라고 하는 사실을 명심해
야만 한다.

그렇다면 현재 전 세계적으로 "666 짐승표"의 진행 상황은 어떻게 진전되고 있는가?를 알아볼 필요가 있다.

현재는 전 세계 여러나라가 이미 첨단 정보기술의 개발과 생체측정법<BIO METRIC>의 발전으로 처음에는 Bar Code로 시작해서 그 다음 단계로는 Bar Chip → Bio Code로 발전해 오다가 지금에 이르러서는 RFID Chip, Bio Chip, 혹은 Veri Chip이란 이름의 작은 Chip을 만들어서 사람의 몸에 직접 주입하여 신분증, 물품구매수단, 이력서, 신상카드, 특수의료수단, 보안수단(실종방지)은 물론이고 그리고 응급상황, 안전에 관한 신원 증명 등 다양한 용도로 시행되고 있다.

이미 지난 2004년 10월 13일부로 미국 식약청(FDA)에서 승인한 Bio Chip, Veri Chip은 미국은 물론 멕시코, 이태리, 독일, 스페인, 한국 등 많은 선진국들이 특별한 의료수단으로 메디칼 센타를 통해서 환자들에게 이 Bio Chip을 직접 몸에 주입하는 시술을 앞을 다투어 시행해 나가고 있다〈미국 ABC, CNN, NBC 보도 참조〉.

　이것이 곧 "666 짐승표"의 시작이요, 예행연습 단계로 볼 수 있다.

　그리고 조금 더 있으면 이 Bio Chip이나 Veri Chip은 상품 매매수단으로 현금이나 수표나 크레딧 카드 대신 전 세계적으로 사용될 것이다. 불가불 그렇게 될 수밖에 없는 절대적인 이유는 미국을 비롯한 전 세계 각 나라가 이미 위조 화폐, 가짜 수표, 변조된 크레딧 카드 문제 해결을 위해 고심해온 나머지 비상한 대책과 수단 방법을 개발해 나가고 있기 때문이다.

　그 뿐만 아니라 조금 더 지나서 적그리스도가 본격적으로 통치하는 시대가 될 때는 적그리스도와 그 짐승정부가 전 세계 인류를 통치하는 악랄한 마지막 통제수단으로 악용될 것이라고 성경은 예고해 주고 있다〈계 13:16~18절 참조〉.

　그러므로 우리 종말시대 성도들이 꼭 한 가지 절대적으로 미리 알고 철저히 명심해야 할 것은 무슨 일이 있어도 이 가공할 "666 짐승표"는 목숨 걸고라도 끝까지 절대로 받지 말아야 한다는 사실이다. 왜냐하면,

일단 짐승의 표⟨666⟩를 받고 나면 그 후에 자기 손을 잘라 내 버리거나 이마를 도려낼지라도 이미 속사람 영이 지은 죄이기 때문에 다시는 사함을 받을 수가 없게 될 것이다. 아울러 "666 짐승표"를 받는 순간부터 무저갱 영들에게 혼과 영이 완전히 지배되고 기계적인 인간과 같이 되고 또한 살아있는 시체 같은 로봇 인간이 되고 말 것이요, 지금까지 인간의 모습 속에는 사나운 짐승 같은 성격 대대로 없었던 가장 악하고 사나운 짐승 같은 성격으로 변질되어 버리며 그 눈빛은 성난 사자의 눈빛과 같이 음침한 빛을 발하게 될 뿐만 아니라 완전히 이성이 없는 사나운 미친 짐승과 같은 존재로 변질되고 말 것이다⟨벧후 2:12절⟩.

따라서 우리 종말시대 성도들이 끝까지 신앙의 정조를 지키고 절대로 "666 짐승표"를 받지 말아야할 절대 절명의 이유를 알기 위해서는 먼저 "666 짐승표"를 받은 자의 결과와 받지 않은 자가 장차 받을 보상에 대해서 성경적으로 분명히 알아야만 한다.

※ 그러므로 우리는 이 대목에서 잠시 "666 짐승표"를 받은 자의 결과와 반대로 끝까지 "666

짐승표"를 목숨 걸고 받지 않은 자가 받을 보상에 대해서 깊이 성경말씀을 파헤쳐 보고 알아보기로 하자.

1. "666 짐승표"를 받은 자의 결과는 어떠한가?

※ 성경은 "666 짐승표"를 받은 자는 다섯 가지의 심판과 저주를 받게 된다고 경고해 주고 있다.

(1) 하나님의 진노의 포도주를 마시게 된다.

계 14:9~10절 "또 다른 천사 곧 셋째가 그 뒤를 따라 큰 음성으로 가로되 만일 누구든지 짐승과 그의 우상에게 경배하고 이마에나 손에 표를 받으면 그도 하나님의 진노의 포도주〈사망의 포도주〉를 마시리니 그 진노의 잔에 섞인 것이 없이 부은 포도주라"〈롬 6:23절 참조〉. **진노의 포도주**

(2) 불과 유황으로 세세토록 고난을 받게 된다.

계 14:10下~11上 "거룩한 천사들 앞과 어린양 앞에서 불과 유황으로 고난을 받으리니, 그 고난의 연기 **불과 유황**

가 세세토록 올라가리로다"〈창 19:24~26, 사 34:8~10절 참조〉

(3) 밤과 낮으로 전혀 쉼을 얻지 못하게 된다.

계 14:11절 "… 짐승과 우상에게 경배하고 그 이름의 표를 받는 자는 누구든지 밤낮 쉼을 얻지 못하리라 하더라"〈눅 16:22~25절 참조〉.

(4) 악하고 독한 헌데〈악성종기〉의 재앙을 받게 된다.

계 16:2절 "첫째가 가서 그 대접을 땅에 쏟으매 악하고 독한 헌데가 짐승의 표를 받은 사람들과 그 우상에게 경배하는 자들에게 나더라"〈출 9:8~11절, 신 28:35절 참조〉.

(5) "666 짐승표"를 받도록 미혹하는 자도 유황 불 못에 던짐을 받게 된다.

계 19:20절 "짐승이 잡히고 그 앞에서 이적을 행하던 거짓선지자도 함께 잡혔으니 이는 짐승의 표를 받고 그의 우상에게 경배하던 자들을 이적으로 미혹하던 자라, 이들이 산채로 유황 불붙는 못에 던지우더라"〈마 23:13~15, 마 24:48~51절 참조〉.

2. "666 짐승표"를 목숨 걸고 끝까지 받지 않은 자가 장차 하나님으로부터 받을 보상은 무엇인가?

(1) 지혜와 총명이 있는 자가 되도록 축복해 주신다.

계 13:18절 "지혜가 여기 있으니 총명 있는 자는 그 짐승의 수를 세어보라. 그 수는 사람의 수니 육백육십륙이니라"〈단 12:10절 참조〉.

(2) 이 땅 위에서의 큰 환난에서 벗어나 하나님 보좌 앞 유리 바다 가에 서서 하나님과 어린양을 찬양하는 영광을 누리게 된다.

계 15:2~3절 "또 내가 보니 불이 섞인 유리바다 같은 것이 있고 짐승과 그의 우상과 그의 이름의 수를 이기고 벗어난 자들이 유리 바다 가에 서서 하나님의 거문고를 가지고 … 어린양의 노래를 불러 가로되 주 하나님 곧 전능하신 이시여 하시는 일이 크고 기이하시도다. 만국의 왕이시여 주의 길이 의롭고 참되시도다"〈계 12:6절 참조〉.

(3) 첫째 부활에 참예할 수 있는 은총을 누리게 된다.

계 20:4~6절 "… 또 내가 보니 예수의 증거와 하나님의 말씀을 인하여 목 베임을 받은 자의 영혼들과 또 짐승과 그의 우상에게 경배하지도 아니하고 이마와 손에 그의 표를 받지도 아니한 자들이 살아서 그리스도와 더불어 천년동안 왕 노릇하니 … 이는 첫째 부활이라 이 첫째 부활에 참예하는 자들은 복이 있고 거룩하도다"〈요 5:28~29, 살전 4:16~17절 참조〉.

(4) 지상 천년왕국에 만왕의 왕 되신 주님과 함께 분봉 왕 노릇하는 최대의 영광을 누리게 된다.

계 20:4~6절 "… 또 짐승과 그의 우상에게 경배하지도 아니하고 이마와 손에 그의 표를 받지도 아니한 자들이 살아서 그리스도와 더불어 천년동안 왕 노릇하니 … 그들이 하나님과 그리스도의 제사장이 되어 천년동안 그리스도로 더불어 왕 노릇하리라"〈딤후 2:11~13, 계 5:10절 참조〉.

(5) 어떠한 환난과 핍박과 재앙 가운데서도 이 세상 끝날까지 하나님의 철저한 보호와 인도하심을 받게

된다.

〈출 14:21~22, 신 2:7; 8:14~16, 신 29:5, 시 91:1~7, 시 121:5~8, 사 43:1~3, 단 3:28, 눅 21:10~19절 참조〉.

우리는 이제껏 앞에서 살펴본 대로 "666 짐승표"를 받은 자가 받게 될 비참한 결과와 "666 짐승표"를 끝까지 받지 않은 자가 장차 하나님으로부터 받을 놀라운 보상이 어떤 것인가를 다시 한 번 깊이 명심하자!

아울러 우리 종말시대 성도들은 어떤 형편과 상황에서도 끝까지 목숨 걸고 "666 짐승표" 만은 절대로 받지 마시기를 주님의 이름으로 부탁드리는 바이다.

지금 우리는 말세 중에도 지말에 살면서 이제 곧 다가올 7년 대 환난 시대의 문턱에 서 있다〈마 24:7~8절〉.

또한 적그리스도가 전 세계 평화의 사도로 위장하고 실타래처럼 얽히고설킨 세계문제의 해결사의 모습으로 역사 무대 위에 서서히 등장하고 있는 폭풍전야의 시대 말에 살고 있다.

주님께서는 이와 같은 종말시대를 살아가고 있는 우리 말세 성도들을 향해 애타는 심정으로 다음과 같은 경고의 메시지를 주고 계신다.

"너희는 스스로 조심하라! 그렇지 않으면 방탕함과 술 취함과 생활의 염려로 마음이 둔하여지고 뜻 밖에 그날이 덫과 같이 너희에게 임하리라. 이러므로 너희는 장차 올 이 모든 일을 능히 피하고 인자 앞에 서도록 항상 기도하며 깨어 있으라"〈눅 21:34~36절〉.

종말시대 주의 종들과 성도들이여!
"때를 알고 영적으로 깨어 속히 준비합시다!"

Ⅲ. 모세가 살아남을 수 있었던 유일한 피난처

출애굽기에 "요셉을 알지 못하는 새 왕"으로 등장하는 바로왕의 잔인한 학살정책속에서 장차 이스라엘 민족의 대영도자가 될 모세가 살아남을 수 있었던 유일한 피난처가 어디였는가?

또한 한걸음 더 깊이 들어가서 장차 7년 대 환난 동안 적그리스도의 무서운 박해 속에서 종말시대 성도들이 끝까지 살아남을 수 있는 유일한 피난처는 과연 어디일까? 하는 중대한 문제를 우리는 성경말씀 속에서 깊이 추적해서 그 정확한 해답을 찾아보기로 하자.

인류의 역사를 주관하시는 하나님은 역사의 큰 고비마다 위대한 인물을 보내셔서 그 역사적 사명을 담당케 하시는 것을 볼 수 있다. 모세는 430여 년간 애굽의 노예로 학대를 받고 살던 하나님의 선민인 이스라엘 민족의 해방을 위하여 보내심을 받은 역사적 인물이었다.

그런데 모세가 이 세상에 출생할 때 시대적 배경은 너무나 살벌하고도 암울한 역사의 소용돌이와 고난의 때였다.

그 당시 강제노동을 통한 이스라엘 백성의 번식근절정책과 히브리 산파들을 통한 이스라엘 남자 신생 아들의 학살정책에 여지없이 거듭 실패한 애굽의 폭군 바로 왕이 마지막 최악의 정책으로 이스라엘 백성의 새로 출생하는 남자 아이들은 모조리 애굽 나일 강에 던져 죽여 버리라는 대 학살명령을 애굽 전역에 선포했다〈출 1:8~22절 참조〉.

바로 이와 같이 온갖 박해와 죽음과 암흑으로 뒤덮힌 애굽 땅에서 모세는 레위 족속 중 한 사람인 아므람과 역시 같은 레위 여자인 "요게벳"의 부부 사이에서 둘째 아들로 출생했다〈출 2:1~2, 출 6:20, 민 26:59절 참조〉.

한편 모세의 어머니 요게벳은 출생한 아이 모세를 석 달 동안 집 안에 숨겨 키우다가 아이의 울음소리가 점점 커짐에 따라 더 이상은 숨겨 키울 수가 없이 되

매 그를 위하여 갈 상자를 만들어서 그 안과 밖을 역
청과 나무 진으로 칠하고 아이 모세를 그 갈 상자에
담아 나일 강 갈대 숲 사이에 띄워버렸다〈출 2:3~4절
참조〉.

그 결과 그 당시에 태어난 모든 이스라엘 신생 남자
아이들은 다 죽임을 당할 수밖에 없었으나 단 갈대 상
자 안에 들어간 아이 모세만은 하나님의 특별한 섭리
로 극적으로 구출을 받을 수가 있었다.

그 뿐만 아니라 오히려 바로 왕의 공주의 양아들이
되어 애굽 바로 왕의 궁중에 들어가서 장차 이스라엘
민족의 영도자가 될 수 있는 위대한 인물로 양육 받고
성장할 수가 있었다.

그런데 바로 이 사건 속에서 우리가 가장 비상한 관
심을 가지고 주목해 보아야할 것은 그 당시 고대 이집
트 나일 강변에서 흔하게 자라던 "파피루스"라는 갈대

를 이용해서 만든 아이 모세가 담겼던 갈대상자이다.

결국 그 당시 아이 모세가 살아남을 수 있었던 유일
한 피난처는 바로 갈대상자였다는 사실을 영적인 안

목으로 예의 주시해 보아야 하겠다.

그런데 한 가지 놀라운 사실은 출애굽기 2장에 나오는 모세의 갈대상자와 창세기 6장에 나오는 노아의 방주는 히브리 원어로 똑같은 뜻의 "테바(תבה)"라는 단어를 사용했다고 하는데 종말복음적인 깊은 영적의미가 있다.

구약성경 전체에서 이 두 가지 경우 즉 노아의 방주와 모세의 갈대상자에만 "테바(תבה)"라는 어휘를 사용했다는 사실은 범상한 일이 아니다.

따라서 결국 노아 방주를 축소형으로 만든 것이 모세를 담은 갈 상자였다고 보면 정확할 것이다.

그렇다면 이와 같은 사실이 암시적으로 보여주는 영적 진리는 무엇인가? 노아 방주나 모세의 갈대상자는 하나 같이 우리 인간의 유일한 구원과 피난처가 되시는 예수님을 상징해 주고 있다.

따라서 홍수 심판 때 전 인류의 제 2시조였던 노아의 여덟 식구가 방주 안에 들어가 대표적으로 구원 받았다는 것은 이를테면 전 인류가 구원 받은 것과 다름이 없다고 볼 수 있다.

그런가 하면 이것과 마찬가지 원리에서 애굽 바로 왕의 대학살 정책으로 이스라엘 남자 아이들이 다 나일 강에 던져져서 죽임을 당하는 가운데서도 갈대로 만든 작은 방주인 갈 상자 안에 들어갔던 이스라엘 민족의 대표자 모세가 구원 받았다. 이 사실은 전 이스라엘 백성 전체가 다 갈 상자를 통해 구원을 받은 것이나 다름이 없다고 볼 수 있다.

이와 같은 맥락에서 볼 때 노아의 여덟 식구가 대홍수 심판 가운데서 방주 안에 들어가므로 구원을 받았다는 사실은 곧 아담의 후손인 우리 인생들이 죄와 사망의 바다에서 구원받을 수 있는 유일한 방법은 오직 구원의 방주가 되시는 예수 그리스도 안에 믿음으로 들어가야만 이루어질 수 있다는 만고불변의 복음 진리를 실물교훈과 모형으로 보여주신 것이다〈행 4:12, 엡 1:13~14절 참조〉.

아울러 이스라엘의 지도자가 될 모세가 장차 역사

무대 위에 등장할 적그리스도로 상징되는 폭군 바로왕의 학살 현장에서 갈대상자 안에 들어가므로 극적으로 구출 받았다는 사실은 곧 장차 7년 대 환난 적그리스도의 박해 속에서도 기적 같이 살아남을 수 있는 유일한 피난처 역시 예수 그리스도 안에 믿음으로 들어가 거하는 길 밖에 없다는 종말복음적인 진리를 실물사건을 통해 너무나도 확실하게 밝히 보여주고 있다〈골 1:13~14, 요 10:28절 참조〉.

그러므로 이제 결론적으로 얻은 한 가지 분명한 영적 진리는 죄와 사망 가운데서 구원받을 수 있는 유일한 길도 오직 예수! 오직 예수뿐이요, 장차 7년 대 환난 시대와 적그리스도의 박해 속에서 살아남을 수 있는 궁극적인 유일한 피난처 역시 오직 예수! 오직 예수 그리스도 밖에 없다는 사실을 재확인하고 명심해야 하겠다.

아멘! 할렐루야!

※ 그런데 우리는 모세의 갈대상자를 통한 구원의 과정을 세 가지 단계로 나누어 볼 수 있다.

즉, ① 갈대상자 안에 들어가는 구원

② 갈대상자 안에서 보호받은 구원

③ 갈대상자 안에서 건짐 받고 나온 구원

따라서 우리는 출애굽기에 나타난 모세의 갈대상자를 통한 세 단계의 구원의 과정 속에서 인간의 영과 혼과 몸의 온전한 전인구원의 세 가지 과정을 배울 수가 있다〈살전 5:23절 참조〉.

즉, ① 모세가 갈대상자 안에 들어간 구원은 영의 구원 곧 중생의 구원이라고 한다면, ② 모세가 갈대상자 안에서 지켜지고 보호받은 구원을 혼의 구원 곧 성화의 구원이라고 할 수 있고, ③ 마지막 모세가 나일 강에서 건짐 받아 나와서 애굽 바로 왕 공주의 양아들로 입양된 구원을 몸의 구원 곧 영화의 구원이라고 할 수 있다.

아울러 사실상 똑같은 맥락에서 볼 때 출애굽기에 나타난 이스라엘 민족의 전반적인 구원의 과정 역시 다음과 같은 세 가지 단계의 구원으로 나누어 볼 수 있다〈행 7:30~45절 참조〉.

① 세상을 상징하는 애굽에서 해방 받아 나온 구원
→영의 구원, 중생의 구원

② 교회생활을 상징하는 광야연단의 과정을 통과하는 구원→혼의 구원, 성화의 구원

③ 천국을 상징하는 약속의 땅 가나안 복지를 들어가는 구원→몸의 구원, 영화의 구원

어떻든 성경은 앞에서 언급한 인간의 영과 혼과 몸의 전인적인 삼단계의 구원의 과정을 시제적<Tense>으로 볼 때

① 과거에 이루어진 구원

② 현재에 이루어 나가고 있는 구원

③ 미래에 이루어질 구원으로 각각 표현해 주고 있다.

① 영의 구원〈중생의 구원〉 → 과거 구원〈엡 2:8절〉

② 혼의 구원〈성화의 구원〉 → 현재 구원〈빌 2:12절〉

③ 몸의 구원〈영화의 구원〉 → 미래 구원〈딤후 4:18절〉

그렇다면 과연 당신의 구원의 과정은 영의 구원〈중생〉은 물론이고, 혼의 구원〈성화〉을 올바로 이루어 나

가고 있는지 각자 정직하게 점검하고 재확인해 보기 바란다.

※ 그러면 이제 우리는 모세의 갈대상자를 통해 장래에 우리 앞에 다가올 적그리스도의 모진 박해와 7년 대 환난 속에서 살아남을 수 있는 최상의 비결이 무엇인가를 파헤쳐 보자.

그러기 위해서는 먼저 출 2:3절의 원문 내용부터 살펴보아야 한다.

출 2:3절 "더 숨길 수 없이 되매 그를 위하여 갈 상자를 가져다가 역청과 나무진을 칠하고 아이를 거기 담아 하숫가 갈대사이에 두었더라."

그러므로 이제 우리는 이 대목에서 모세를 집어넣었던 갈대상자와 그 안팎을 칠한 역청과 나무진이 영적으로 각각 무엇을 상징해 주고 있는가? 하는 것부터 올바로 해석해야만 한다.

① 모세의 갈대상자는 영적으로 우리 인생의 유일하신 구원자와 피난처가 되시는 예수 그리스도를 상징해 주고 있다.

구원을 상징해주는 노아의 방주나 갈대상자는 히브

리어로 똑같이 "테바(תבה)"라는 단어를 쓰고 있다.

② 갈대상자 안팎으로 칠한 "역청"은 영적으로 예수 그리스도의 보혈을 상징해 주고 있다.

히브리어로 "역청"은 "코페르(כפר)"나 "헤마르(המר)"라고 하는 같은 어원의 단어를 사용하는데 그 뜻은 속죄, 몸값, 괴롭혀서 붉은 거품이나 진액을 나오게 함을 의미해 준다.

③ 갈대상자 안팎을 칠한 "나무진"은 영적으로 성령의 기름〈충만〉을 상징해 주고 있다.

히브리어로 "나무진"은 "제페트(זפת)"라고 하는데 이것은 나무의 가지나 둥지를 잘라낸 뒤에 분비되어 나오는 나무의 진액이나 기름을 의미해 준다〈"제페트"란 히브리어 어원은 "지카"에서 온 말로서 그 뜻은 횃불, 불꽃을 의미해 주기도 한다〉.

따라서 우리들이 이제껏 파헤쳐 본 모세의 갈대상자의 영적의미를 통해서 명백하게 나타내 보여주신 장차 적그리스도의 모진 박해와 7년 대 환난 속에서 최후까지 살아남을 수 있는 궁극적인 비결은 다음과 같다.

즉 우리의 유일한 구원과 피난처 되시는 예수 그리스도를 구세주로 믿고 영접하므로 그 속죄 보혈의 피로 거듭날 뿐만 아니라 성령의 충만함을 받아 완전 무장하는 길 밖에 없다는 절대적인 영적진리와 교훈을 우리 종말시대 성도들에게 강력하게 깨우쳐 주고 있다.

그렇다면 무엇이 과연 성령 충만인가? 하는 것을 성경적으로 올바로 아는 것이 매우 중요하다.

강력한 하나님의 말씀과 깊은 회개의 간구와 뜨거운 성령의 역사하심으로 내 자아〈혼〉가 깨어져 죽고 내 혼 속에 예수님이 왕이 되셔서 그 예수님의 영으로 충만한 것이 곧 성령 충만이다〈갈 2:20, 롬 12:1~2, 엡 5:18~21절 참조〉.

사실상 성령의 은사와 성령 충만은 그 과정과 단계가 다르다. 성령의 은사는 하나님께서 구원 받은 하나님의 자녀들에게 주의 일을 좀 더 효과적으로 능력 있게 하므로 주님의 몸된 교회를 유익하게 하기 위하여 부어주시는 하나의 영적도구라고 볼 수 있다〈고전 12:4~11절 참조〉.

그러나 성령 충만은 영이 거듭날 뿐 아니라 자아

〈혼〉가 온전히 깨어져서 예수님을 왕으로 모시고 인격과 생활이 변화됨으로 주와 동행하는 경건한 성화적인 삶을 사는 것을 의미한다〈갈 5:22~24절 참조〉.

결론

우리는 이제껏 하나님께서 출애굽기에 나타난 모세의 갈 상자를 통해 보여주신 종말복음에 관하여 함께 공부해 왔다.

이제 마지막 결론으로 우리 말세 성도들이 한 가지 더 꼭 알고 올바로 대비해야 할 중대한 사실은 앞으로 다가올 전 세계적인 종말시대 무서운 박해와 대 환난 속에서 최후까지 살아남을 수 있는 유일한 피난처는 어디일까? 하는 문제다.

성경 66권 전체를 깊이 연구해 보면 하나님께서는 각 시대마다 하나님의 택한 백성을 구원하기 위하여 피난처를 미리 예비해 두신 것을 발견할 수가 있다.

① 대 홍수 심판 때는 노아의 방주가 피난처였다.
〈창 7:13~23절 참조〉

② 소돔·고모라 유황 불 심판 때는 소알 산성이 피

난처였다.

〈창 19:15~25절 참조〉

③ 애굽의 열 가지 재앙 때는 고센 땅이 피난처였다.

〈출 8:22, 9:4, 6, 26, 10:23, 11:7, 12:13절 참조〉

④ 가나안 입국 때는 요단강 양편에 6개의 도피성이 피난처였다.

〈민 35:9~15절 참조〉

⑤ 말세 교회 시대 때는 성령 충만한 교회가 피난처다.

〈행 2:17~47절 참조〉

⑥ 7년 대 환난 때는 하나님께서 광야에 예비하신 특수 예비처가 피난처다.

〈계 12:6절 참조〉

⑦ 그렇다면 마지막 종말의 때 궁극적인 영원하고도 유일한 피난처는 어디일까?

우리가 이상에서 살펴본 대로 하나님께서 각 시대마다 택한 백성들로 하여금 구원받도록 하시기 위해 미리 예비해 두신 피난처인 ① 노아 방주 ② 소알 산성 ③ 고센 땅 ④ 6개의 도피성 ⑤ 성령 충만한 교회

⑥ 광야의 예비처 등은 영적인 신령한 의미에서 볼 때 하나 같이 하나님의 품안, 예수님의 품안, 성령님의 품안을 의미해 주고 있다.

따라서 결국 성삼위 하나님께서 함께하시고 특별한 보호의 장막으로 둘러 지켜주시는 곳이면 바로 그곳이 어디든지 가장 안전한 피난처라는 사실을 성경은 우리에게 분명히 가르쳐 주고 있다〈신 32:9~10, 시 18:2, 시 46:1~7, 시 91:2~7, 사 43:1~3, 단 3:19~27, 단 6:21~24절 참조〉

이제 끝으로 부족한 종의 간증을 간단히 말씀드리면서 "모세의 갈 상자를 통해 보여주신 종말복음"을 매듭 짓고자 한다.

부족한 종이 이미 서문에서 잠시 언급한대로 지난 1988년경 매일 새벽기도의 제단을 쌓는 가운데 예수님의 재림 징조장인 마 24:45~46절 말씀을 통해서 "때에 맞는 양식"〈종말복음〉을 나누어 주라는 시대 말적인 성령 하나님의 감동과 음성을 들은 후 그때부터 오늘날까지 끈덕지게 종말복음을 부지런히 연구하면서 전 세계에 부흥집회와 방송설교와 문서선교를 통해 계속 전파해 오고 있다.

종말복음을 전하는 목사인 나에게 가장 큰 관심과 호기심이 모아지는 것 중에 하나는 언제라도 주님께서 허락하시고 기회를 주시면 전 세계 종말론 자들에 의해 난공불락의 요새지로서 인류의 마지막 피난처로 계속 거론되고 지목되어 왔던 요르단 남서쪽에 위치한 "페트라"〈요르단 수도 암만에서 255Km 지점〉성을 꼭 직접 방문해 보고 확인해 보고 싶은 간절한 열망을 가지고 10년이 넘도록 기도해 왔다.

드디어 하나님의 특별한 사랑의 배려와 주님의 은혜로 지난 2004년 4월〈4월14일~19일〉요르단 한인 선교사 특별 영성집회 인도 차 요르단 수도 암만을 방문할 절호의 기회를 얻게 되었고, 마침내 한인 선교사 회장단의 특별안내를 받으면서 지난 수년간 그렇게도 열망했던 "페트라 산성"의 현장을 직접 찾아가서 하루 종일 현지를 탐방할 수 있는 축복을 얻게 되었다.

그런데 부족한 종이 그날 "페트라 산성"을 직접 탐

 갈 상자를 통해 보여주신 종말복음

방하기 전까지는 어떤 종말론 자들의 주장대로 과연 장차 7년 대 환난 기간 후 3년 반 동안 페트라가 전 세계에서 가장 이상적인 천연요새의 피난처가 될 수도 있지 않겠는가? 하는 막연한 기대와 호기심(?)을 가져 본 적도 있었다.

그러나 부족한 종이 막상 "페트라 산성"을 직접 탐방하고 하루 종일 기념사진〈증명사진?〉을 찍어가며 전문 가이드의 설명도 경청하면서 현장을 답사하는 가운데 성령 하나님께서는 미련한 종에게 마지막 때 참 유일한 피난처가 과연 어디인가를 성령의 감동과 하나님의 말씀을 통해서 확실하고 분명하게 가르쳐주시고 깨우쳐 주셨다.

바로 그날 성령께서는 고전 10:4절 말씀의 뜻을 레마적인 성령의 감동의 말씀으로 다음과 같이 풀어주시고 깨닫게 해 주셨다.

"다 같은 신령한 음료를 마셨으니 이는 저희를 따르는 신령한 반석으로부터 마셨으매 그 반석은 곧 그리스도라."

여기에 언급한 "반석"이란 말의 헬라어가 "페트라
(Πέτρα)"다. 따라서 "페트라(Πέτρα)"란 말은 신령
한 의미에서 우리 구원의 반석이 되시는 예수 그리스
도를 가리킨 말이다〈마 16:18절 참조〉.

그렇다면 결국 출애굽 당시 이스라엘 백성이 반석
(페트라)을 찾아가서 보호를 받은 것이 아니라 반석
(페트라)되신 예수 그리스도가 그들을 따라다니며 보
호의 피난처가 되어 주셨다는 사실이다. 따라서 요르
단의 페트라 산성은 구원의 반석 되신 예수 그리스도
만이 피난처가 될 수 있다는 사실을 하나의 그림자로
보여준 것 뿐이고, 사실상 이 땅 위에 그 어떤 곳도 피
난처가 될 수 없다는 것을 깨우쳐 주셨다.

그러므로 출애굽 역사에 등장한 육적 이스라엘 백
성들의 구원이 "저희를 따르는 반석" 되신 예수 그
리스도로 말미암았다는 사실은 곧 종말시대 영적 이
스라엘 백성인 우리 성도들의 구원 역시 예수 그리스
도만이 영원하고도 유일한 구원의 반석이요 피난처가
되신다는 놀라운 복음진리를 미리 실물모형과 그림자
와 예표로 보여 주신 것이다.

그러므로 부족한 종이 일생동안 성경연구와 부단한 기도와 신령한 온갖 신비한 체험을 총결산해보면 결국 한 가지 자명한 결론에 귀착하게 된다.

"예수가 유일한 구원이시다!"

"예수가 유일한 피난처시다!"

이것이 바로 성경 66권에 나타난 모든 구원복음의 가장 핵심적인 총 대지요 총 결론이다.

아멘! 할렐루야!

지금 전 세계 종교계와 신학계는 이른바 거짓선지자들과 자유주의 신학자들의 거짓된 궤변과 미혹에 빠져 이른바 종교 다원주의와 현대 통합주의 신학(?)과 뉴에이지운동 등으로 걷잡을 수 없이 타락되고 변질되고 간악한 사탄의 궤계에 빠져 들어가고 있다〈고후 11:13~15절 참조〉.

또한 종말시대 교회는 다분히 종교화되고 세속화되고 인본주의화 되어 감에 따라 이 시대를 향한 성령 하나님의 말할 수 없는 탄식과 경고의 목소리가 점점 높아져가고 있다〈계 3:5~19절 참조〉.

그 뿐만 아니라 이제 악마의 삼위일체격인 일곱 머

리가진 붉은 용 마귀 사탄과 그의 하수인인 적그리스도와 거짓선지자가 역사 무대 위에 가증한 위장의 탈을 뒤집어쓰고 서서히 등장하고 있다〈마 24:23~26, 막 13:5~6, 눅 21:7~8절 참조〉.

마귀사탄의 인간에 대한 최대 속임수 중에 하나가 곧 기독교를 종교라는 범주와 보따리 속에 쓰레기처럼, 한뭉 싸서 매도해 넣어버린 것이다.

기독교는 종교가 아니라 생명의 복음이다. 복음은 하나님의 독생자 예수 그리스도 자신이 복음이시다. 따라서 종교 믿어 구원 얻는 것이 아니라 오직 예수 믿어야만 구원 얻는다〈눅 2:10~11, 요 3:16, 행 16:31절 참조〉.

이것은 영원토록 양보하거나 타협할 수 없는 절대 절명의 복음진리다. 그러므로 전 세계 종교 다원주의자들과 자유주의 신학자들과 변질된 종교 지도자들이 뭐라고 궤변을 토하고 사특한 논리를 편다고 해도 한 가지 대낮 정오에 태양보다 더 확실한 진리는 "오직 예수님만이 구원이시다!" 라는 사실이다.

따라서 우리 죄인이 구원을 받는다는 말은 곧 "오직
예수님만이 구원이시니"

그 구원이신 예수님을 만나서〈은혜〉,

그 구원이신 예수님을 영접해서〈중생〉,

그 구원이신 예수님을 함께 모시고 살다가〈성화〉,

그 구원이신 예수님과 함께 천국 들어가서〈영화〉,

그 구원이신 예수님과 영원히 살아가는 것〈영생〉을
의미해 준다.

아멘! 할렐루야!

아울러 또 한 가지 분명하고 확실한 복음 중에 복음
은 "오직 예수님만이 피난처이시다" 라는 사실이
다. 따라서 말세 중 지말을 살아가고 있는 우리 종말시
대 성도들은 누가 뭐라고 해도 우리의 가장 안전하고
가장 영원하고 가장 유일한 피난처는 "오직 예수! 밖
에 없다"는 사실을 의심 없이 믿고 받아 드리시기 바
란다〈마 11:28, 요 10:28~29, 마 28: 18~20절 참조〉.

한걸음 더 나아가 우리 모두 믿음의 눈을 들어 21세
기 저 역사의 지평선 너머를 바라보자!

피로 얼룩진 역사의 장을 닫으시고 우리 재림의 주

님이 이 땅에 만왕의 왕으로 곧 다시 오셔서 이 세상을 심판하시고 이 땅 위에 천년왕국을 건설하실 날이 눈앞에 가까이 다가오고 있다〈마 25:31~33, 계 20:1~6절 참조〉.

성도들이여,
"때를 알고 영적으로 깨어 준비합시다!"
〈눅 21:34~36, 벧전 4:7~11절 참조〉

"믿음의 등불, 성령의 기름, 의의 세마포, 어서 속히 예비하고 신랑 예수 맞이할 신부의 단장을 갖추십시다!"
〈마 25:1~13, 계 19:7~8절 참조〉

주 안에서 함께 부르심을 받은 전 세계 하나님의 동역자 여러분! 그리고 종말시대를 살아가고 있는 성도 여러분!

하나님께서 출애굽기에 나타난 모세의 갈 상자를 통해서 성령의 특별한 감화 감동의 역사로 친히 보여주시고 깨우쳐주신 종말복음의 내용을 이번 기회에 다시 한 번 각자 마음속에 깊이 새겨 주시기 바랍니다.

아울러 모세의 갈 상자를 통해 교훈해 주신 그대로 장차 적그리스도의 온갖 박해와 7년 대 환난과 온갖 재앙 속에서 마지막까지 살아남을 수 있는 궁극적인 유일무이한 피난처는 오직 예수! 오직 예수! 오직 예수! 를 나의 주 나의 왕으로 모시고 성령 충만하게 살아가는 길 밖에 없다는 사실을 분명하고 확실하게 마음속 깊이 명심하고 그대로 실천하며 살아가시기를 만왕의 왕 되신 주님의 이름으로 축원합니다!

찬송가 79장 - "피난처 있으니"

1. 피난처 있으니 환난을 당한 자 이리오라

   땅들이 변하고 물결이 일어나 산 위에 넘치되 두렵잖네.

2. 이방이 떠들고 나라들 모여서 진동하나

   우리 주 목소리 한번 발하시면 천하에 모든 것 망하겠네.

3. 만유 주 여호와 우리를 도우니 피난처요

   세상에 난리를 그치게 하시니 세상에 창검이 쓸데없네.

4. 높으신 여호와 우리를 구하니 할렐루야

   괴롬이 심하고 환난이 극하나 피난처 있으니 여호와요.

아멘!

할렐루야!

※ 베리칩(Veri-Chip)을 절대로 몸에 넣지 말아야 할 이유?

미국에서는 40년간 에너지 자원부가 지원하면서 몸 안에 있는 유전자(Human Genome)의 근본 뿌리에서 찾아낸 것이 인간유전자지도(Human Genome Code)라 한다.

인간의 몸은 30억 개 유전자〈DNA〉로 형성되었다고 한다. 그중에서 3백만 개가 동물과 사람과 다르고, 개인의 특성인 재능, 기능, 지각 등으로 각기 다르게 작용된다고 한다. 이 3백만 개 유전자의 활동을 찾아내서 조정하는 핵심부분인 128개의 매 유전자에 부호를 붙여놓은 메모리가 유전자지도<DNA-code>이다.

인간의 노쇠현상을 방지시켜 줄 때, 파손되었거나 활동하지 못하는 유전자를 새롭게 살려내는 역할로 사용되는 핵심이 128개의 메모리이다. 몸의 열, 당뇨, 혈액, 호흡 등을 살리기 위해 개발한 것이 Veri-Chip이라 한다. 그리고 매 Chip에는 고유번호가 들어있다.

30억 개 유전자〈DNA〉

128개의 메모리

따라서, Bio chip(생체칩)이라는 Veri-Chip을 인간의 피부와 세포사이에 주입시키면, 몸 안에 흐르는 세포핵을 읽고 그것을 모니터로 전달해서 Chip을 받은 사람의 움직임과 생각까지 통치하게 되는 기법으로 사용하게 될 것이다.

지금은 아무런 문제가 없는 것처럼 볼 수도 있다. 그러나 장차 적그리스도가 통치하는 지구정부가 시작되고 통치자의 강령이 발동될 때, 그들이 단일정부 정책에 따르도록 새로 만들어 놓은 128개의 유전자 메모리를 바꾸어서 역기능(reaction)으로 활용될 때부터 비로소 본격적으로 문제가 되는 것이다. 다른 말로 바꾸면 현재의 세계적인 제도로서는 인류를 일괄적으로 다룰 수 없다.

따라서 하나님께서 인류를 만드실 때 주셨던 본래의 30억 개 유전자를 지구정부가 3백만 개의 유전자를 바꾸기 위해 128개의 유전자 코드를 자기들의 원하는 방식으로 만들어 놓은 것으로 대체시키는 것이다.

이러한 과정은 128개의 메모리로서 3백만 개의 유전자에게 역기능(reaction)지시로 실행 Key를 누르면 그 명령은 위성을 통해서 Chip을 받은 모든 사람의 체질과 성품과 생각 등이 통치자만을 숭배하고 하나님을 저주하는 짐승 같은 인간으로 바꾸어진다는 것이다.

그러므로 결국 누구나 짐승의 이름으로 계수하는 "666짐승표"를 받기만 하면 그 순간부터 그 사람은 인간로봇(Cyborg)으로 변하는 것이다.

그 결과 칩 속에 들어있는 128가지 유전자 메모리를 지구 정부 독재자가 조종하게 될 때부터 전세계 사람들은 "666짐승표"에 의해 적그리스도에게 본격적으로 통제를 받게 될 것이다. 그렇게 되면 앞으로 전세계 사람들은 운전면허증과 신분증과 신용카드 대신에 Chip을 몸에 넣지 않으면 일체의 생필품을 비롯한 어떤 것도 사고팔지도 못할뿐더러 이 세상에서 살아갈 수 없게 되는 날이 올 것이다.

그 뿐만 아니라 국제신분카드로 개인의 모든 신상자료를 수록하고 컴퓨터에는 지구 안의 모든 정보를 저장하여 통제, 관리할 수 있는 시대가 온다. 이 지구가 한 체제 안에 들어서게 됨으로 국제적인 개인의 고유번호를 부여받게 될 것이다.

모든 남자, 여자, 아이들까지도 이 고유번호를 부여받아 현재의 신분증을 대신하여 사용되는 것으로 바

666짐승표

국제신분카드

로 신세계질서의 표가 될 것이다. 이것이 바로 과거 독일의 히틀러가 세계를 지배하기 위해 구상했던 방법이었다.

많은 사람들은 요한계시록의"666짐승표"를 인정한다. 그러나 사람들은 이 표가 눈에 보이는 것으로 생각하는데 그리스어로 이것은"새겨 넣다", "진입시키다"라는 뜻이다. 즉 겉으로는 보이지 않는 것이다. 이 마이크로 칩이 성경에서 말하는 "666짐승표"다.

컴퓨터 산업혁명으로 20년 전부터 바코드를 사용하기 시작하여 이제는 바코드로 모든 상품을 매매관리하게 되었다. 또한 수많은 종류의 카드를 가지고 신분증으로 사용하고 있고 은행 업무를 보고 있으며 날로 진보된 기술로 신속히 발전하고 있다.

이 중에서 가장 진보된 카드에 스마트카드라는 것이 있다. 집적회로(IC) 기억소자를 장착하여 대용량의 정보를 담을 수 있는 미래형 선불카드로서 IC카드〈intergrated circuit card〉라고도 하며, 일반적으로는 국제표준화기구〈ISO〉에서 표준화하고 있는 신용카드와 똑같은 형태이다.

집적회로(IC) 기억소자

1970년 프랑스에서 개발되어 금융기관에서 사용하기 시작하였으며, 미국에서도 개발되었다. 이 카드에는 의료보험증을 비롯하여 각종 신분조회가 가능하도록 설계되어 있다. 이 스마트카드는 손톱만한 마이크로칩이 내장되어 있는데, 이 칩을 우리 몸속에도 넣을 수가 있다. 이제 지구정부〈짐승정부〉의 독재자는 이 칩을 몸속에 넣도록 요구할 것이다.

여기서 말하는 "666짐승표"가 바로 바이오칩으로 된 신분증이다.

이 칩은 이미 동물들을 관리하기 위하여 동물들의 몸속에 넣어 사용하고 있으며(ANICARE SYSTEM, 동물보호제도—미국) 이제는 이것을 사람에게 적용하려 하고 있다.

이제 태어나는 신생아들에게 적용하려고 제안하고 있으며 일부(미국)에서는 이것을 받아들이고 있다. 이 마이크로 칩을 사람의 **뼈** 속이나 피부 속에 넣으면 간단한 스캐너로 신분확인이 가능해지고 이 칩으로 모든 일을 처리할 수 있게 된다.

이 칩의 수명은 170~250년으로 1994년 미국의 안

전의학장치로 등록되었고 쌀알만한 크기로 휴즈
(Hughes)사에 의해 대량 생산되고 있다.

　　이상에서 왜 Veri-Chip이 "666짐승표"이며 성도
들은 어떤 합리적인 이유에서도 이 표를 받아서는 안
되는 이유를 서술하였다. 이 시대를 살아가는 현대인
이 깨달아야 할 것이 많이 있지만, 이 베리칩에 관해
서는 필수로 알아야하고 이것을 거부해야 한다. 여태
까지 우리는 비교적 좋은 생활환경에서 신앙생활을
해왔지만, 결국 우리도 초대교회 성도들이 받았던 박
해를 이 시대에도 받아야하는 운명에 처해졌다.

　　예수 그리스도의 고난과 희생을 힘입어 잘 먹고 잘
살아왔던 기독교인들은 이제 양단간에 자신의 신앙을
결정해야할 상황에 처해지게 될 것이다. "666짐승표"
를 받아서 짐승정부의 온갖 혜택을 받고 짧게 살다가
지옥 갈 것인가, 아니면 처음부터 "666짐승표"를 거
부하여 박해와 순교까지도 각오하며 순결한 믿음을
사수하다가 영원한 세계 천국으로 갈 것인가, 양단간
에 결정해야 할 순간이 다가오는 것이다.

　　참으로 두렵고 떨리지 않을 수 없다. 인생의 가치관

이 다만 육체적으로만 잘 먹고 잘 사는 것을 추구하는 사람은 언제라도 예수를 버리고 "666짐승표"를 선택할 것이고, 인생의 가치관이 지금 현재의 생활이 아니라 영원한 것을 추구하는 사람은 끝까지 "666짐승표"를 거부하고 믿음의 순결을 지킬 것이다. 이것은 먼 훗날의 이야기가 아니라 이미 우리 눈앞에 엄연한 현실로 다가오고 있다.

이제 멀지 않은 장래에 전 세계 인류는 반드시 이 "666짐승표"를 받아야 할 때가 올 것이다.

"저가 모든 자 곧 작은 자나 큰 자나 부자나 빈궁한 자나 자유한 자나 종들로 그 오른손이나 이마에 표를 받게 하고 누구든지 이 표를 가진 자 외에는 매매를 못하게 하니 이 표는 곧 짐승의 이름이나 그 이름의 수라 지혜가 여기 있으니 총명 있는 자는 그 짐승의 수를 세어보라. 그 수는 사람의 수니 육백육십육이니라"〈계 13:16~18절 참조〉.

"또 다른 천사 곧 세째가 그 뒤를 따라 큰 음성으로 가로되 만일 누구든지 짐승과 그의 우상에게 경배하고 이마에나 손에 표를 받으면 그도 하나님의 진노의 포도주를 마시리니 그 진노의 잔에 섞인 것이 없이 부은 포도주라 거룩한 천사들 앞과 어린 양 앞에서 불과 유황으로 고난을 받으리니 그 고난의 연기가 세세토록 올라가리로다 짐승과 그의 우상에게 경배하고 그 이름의 표를 받는 자는 누구든지 밤낮 쉼을 얻지 못하리라 하더라 성도들의 인내가 여기 있나니 저희는 하나님의 계명과 예수 믿음을 지키는 자니라"〈계 14:9~12절 참조〉.

"보라! 내가 속히 오리니 내가 줄 상이 내게 있어 각 사람에게 그의 일한대로 갚아주리라"〈계 22:12절〉.

"아멘! 주 예수여! 어서 속히 오시옵소서!"〈계 22:20절〉.

갈 상자를 통해 보여주신 종말복음

지은이	이상남
펴낸이	김민영
펴낸날	2006. 9. 5.
등록번호	제22-1453호
펴낸곳	도서출판 최선의 삶
	(우 137-876) 서울시 서초구 서초동 1589-5
	센츄리 오피스텔 511호
전 화	587-4737
팩 스	587-4733

* 책값은 표지에 있습니다.

I S B N	89-88657-32-2
총 판	(주)기독교출판유통
전 화	(031)906-9191

E · Mail: Malipres@hitel.net

최선의 삶은 독자의 의견에 항상 귀기울이고 있습니다.